Les NOUVELLES prières

pour communiquer avec

votre ANGE GARDIEN

et TOUS les ANGES

DU CIEL

ET DE LA TERRE

D1099508

1

DISTRIBUTEURS EXCLUSIFS

Pour le Canada et les États-Unis
Les Messageries **adp**
955, rue Amherst
Montréal (Québec) H2L 3K4
Tél.: (514) 523-1182
Télécopieur: (514) 939-0406

Pour la Suisse
Transat S.A.
Route des Jeunes, 4 Ter
C.P. 1210
1 211 Genève 26
Tél.: (41-22) 342-77-40
Télécopieur: (41-22) 343-46-46

Pour la France et la Belgique:
Stendhal Diffusion
122 rue Marcel Hartmann
94200 Ivry sur Seine
Tél.: 49-59-50-50
Télécopieur: 46-71-05-06

Du même auteur:
Comment communiquer avec votre ange gardien
© Édimag inc. 1994
et pour l'Europe, © Le Jour, Éditeur, janvier 1995

Les prières pour communiquer avec votre ange gardien
© Édimag inc. 1994

Découvrez l'Univers des Anges
© Édimag inc. 1995

Horoscope 1997
© Édimag inc. 1996

C.P. 325, Succursale Rosemont
Montréal (Québec), Canada H1X 3B8
Téléphone: (514) 522-2244
Télécopieur: (514) 522-6301

Éditeur: Pierre Nadeau
Illustration: Michel Poirier
Mise en pages et couverture: Jean-François Gosselin

Dépôt légal: premier trimestre 1996
Bibliothèque nationale du Québec
Bibliothèque nationale du Canada

© 1996, Édimag inc.
Tous droits réservés pour tous pays
ISBN: 2-921735-18-0

Première impression — janvier 1996
Première réimpression — décembre 1996

Introduction

À la suite de la publication de mon livre *Les prières pour communiquer avec votre ange gardien*, j'ai reçu un volumineux courrier. Dans la plupart des cas, on me demandait de nouvelles prières qui, cette fois, pourraient être adressées à notre ange gardien, comme à tous les autres anges qui existent.

Effectivement, dans ce précédent livre, je dressais une liste de soixante-douze prières qui s'adressaient spécifiquement aux soixante-douze anges reconnus par la cabale, c'est-à-dire que chaque lecteur y trouvait la prière pour s'adresser à son ange gardien. Mais si nous voulions d'autres prières pour communiquer avec notre ange gardien et les autres anges?

Certes, comme je l'ai déjà dit, nous connaissons tous notre lot de prières, du «Je crois en Dieu» au «Je vous salue Marie», en passant par le

«Notre Père» et combien d'autres, mais celles-ci, quoique toujours efficaces, ne s'adressent pas spécifiquement aux anges, comme le faisaient celles de mon dernier livre.

Pour répondre aux souhaits de nombreux lecteurs, je vous offre donc quarante nouvelles prières qui vous permettront de communiquer avec votre ange gardien, comme avec n'importe quel autre ange.

Comme c'était le cas pour les prières du livre précédent, ces prières doivent être récitées le matin — le plus tôt possible — le regard dirigé vers l'est, c'est-à-dire vers l'endroit où le Soleil se lève, ou encore le soir, au moment du coucher, le regard dirigé vers l'ouest. Le but de chacune de celles-ci et le pourquoi des mots, en quelque sorte rattachés à un rituel, sont de briser les limites de la condition humaine afin de rejoindre les anges. La prière, cela est reconnu depuis la nuit des temps, arrache l'homme à ses préoccupations immédiates et personnelles et lui fait découvrir la possibilité de contacter des êtres de Lumière, de Sagesse et de Bonté.

Voici donc quarante nouvelles prières, marquées de l'empreinte de la spiritualité et qui vous permettront de communiquer avec votre ange gardien.

Je le redis une fois encore : les anges ne

sont pas des êtres matériels, ailés, avec des violons ou des épées flamboyantes, mais il n'en demeure pas moins qu'ils sont des entités spirituelles réelles, qu'ils possèdent des vertus, des pouvoirs, des capacités d'action et des pouvoirs fantastiques.

Comment procéder?

Il faut lire ces prières avec foi et confiance, c'est la façon de se mettre en contact avec l'ange, de se mettre à l'unisson avec lui.

Idéalement, pour ce faire, nous trouverons un endroit à l'écart de toute activité. Ce peut être n'importe quelle pièce de la maison, à condition que nous puissions nous y isoler en toute tranquillité et en toute quiétude, à l'abri de tout dérangement. Ensuite, nous chercherons à nous placer dans un état de méditation, de réflexion ou encore de grande relaxation — il faudrait aussi, idéalement, allumer une chandelle et n'avoir que celle-ci pour toute lumière. Quant aux bruits, il faut les éliminer le plus possible, sinon chercher une musique qui porte à la détente.

L'invocation que nous ferons — la prière — sera adressée soit à notre ange gardien, soit à n'importe quel autre ange que nous souhaitons rejoindre. À celle-ci, cependant, nous pourrons greffer une ou des demandes particulières. Dans ce cas, il est très important de formuler clairement notre demande; c'est la raison pour laquelle je vous conseille, avant de chercher à communiquer avec les anges, de l'écrire et de la méditer un court moment pour être certain qu'elle est claire — lisez-la à haute voix en vous écoutant, vous saurez alors si elle l'est.

Ensuite... ensuite, vous constaterez vous-même le résultat.

Avant de commencer, je vous offre de lire cette prière de saint François d'Assise, «L'hymne à l'amour».

HYMNE À L'AMOUR

(prière de saint François d'Assise)

Seigneur, fais de moi un instrument
de ta paix.
Là, où est la haine,
que je mette l'amour.
Là, où est l'offense,
que je mette le pardon.
Là, où est la dispute,
que je mette l'union.
Là, où est l'erreur,
que je mette la vérité.
Là, où est le doute,
que je mette la foi.
Là, où est le désespoir,
que je mette l'espérance.
Là, où est la nuit,
que je mette la lumière.
Là, où est la tristesse,
que je mette la joie.

Fais, Seigneur,
que je ne cherche pas tant
à être consolé qu'à consoler,
à être compris qu'à comprendre,
à être aimé qu'à aimer.
Parce que c'est en s'oubliant
qu'on se trouve,
et c'est en mourant
qu'on ressuscite à la vie éternelle.

PRIÈRES
POUR L'ANGE GARDIEN

Ô MON ANGE GARDIEN

Ô mon Ange gardien,
je te prie de m'apporter aide
et protection,
de me souffler ce que je dois savoir,
de m'inspirer ce que je dois être,
de me guider vers ta lumière
et celle du Tout-Puissant.

Ô mon Ange gardien,
je demande ta lumière
pour m'aider à me comprendre
moi-même
et à comprendre le monde qui
m'entoure,
mais sans jamais oublier
le grand dessein de l'univers.

Ô mon Ange gardien,
je sais que ce n'est
qu'à ce moment-là
que je pourrai être l'instrument
que Dieu a souhaité que je sois
pour être ce que je dois être
et surtout pour la réalisation
de son grand plan.

Ô mon Ange gardien,
toi qui m'accompagnes à chaque instant
et à chaque pas que je fais,
insuffle-moi ton énergie,
ta force et ta sagesse
et réconforte-moi sans cesse de ta présence.

MERCI
MON ANGE GARDIEN

Je m'accorde cet instant de prière
pour communiquer avec toi,
mon Ange gardien.
Je m'accorde cet instant de prière
pour te dire merci, à toi,
mon Ange gardien.

Merci pour ce que je suis,
merci pour tous ces gens que tu fais
m'entourer,
merci pour ce que tu m'as donné
jusqu'à ce jour,
merci pour tous ces sentiments
merveilleux qui m'habitent,
merci pour cette étincelle divine
que tu insuffles à ma vie.

Je m'accorde cet instant de prière
pour communiquer avec toi,
mon Ange gardien.
Je m'accorde cet instant de prière
pour te dire merci, à toi,
mon Ange gardien.

Merci pour ce que je deviendrai,
pour ce que je deviendrai avec
l'aide

de ces gens que tu fais m'entourer,
pour ce que je deviendrai avec ce
que tu me donneras,
pour ce que je deviendrai avec ces
sentiments merveilleux qui m'habitent,
pour ce que je deviendrai avec cette
étincelle divine que tu insuffles à ma vie.

Merci, mon Ange gardien.
Et comme dans les Psaumes, je dirai :
«Le secours me vient du Seigneur,
l'auteur des cieux et de la terre.
Qu'il ne laisse pas chanceler ton pied,
que ton gardien ne somnole pas! —
Non! Il ne somnole ni ne dort.»

TOUJOURS PRÉSENT

Toi, que je nomme
mon Ange gardien,
je sais que tu es toujours là,
toujours à mon écoute,
toujours disponible.

Il m'arrive de vouloir cheminer
seul,
de t'oublier, de t'écarter de ma
route,
de foncer, de m'éloigner de toi.

Oui, cela m'arrive...

Jusqu'à ce que les choses
tournent mal,
que je me blesse,
que je souffre.

Heureusement, je sais que tu es là
à attendre que je te fasse un signe.
Et alors, tu accours à mon appel,
et tu m'accueilles à nouveau
entre tes bras.

Toi, que je nomme mon Ange gardien,
je sais que tu es toujours là,
toujours à mon écoute,
toujours disponible.

C'est à moi de te prier,
c'est à moi de t'écouter,
c'est à moi de comprendre
ce que tu me dis.
Oui, mon Ange gardien,
continue de me montrer la route
que je dois suivre.

ANGE D'AMOUR
ET DE MISÉRICORDE

Je te salue, toi, mon Ange gardien,
que le Seigneur a détaché
de son service
pour te mettre au mien,
et me guider vers Sa lumière.

Je te salue, toi, mon Ange gardien,
et je te demande de m'aider à
prodiguer,
à mes frères et sœurs,
l'amour et les bontés
que j'ai reçus de toi et du Seigneur.

Je te salue, toi, mon Ange gardien,
et je t'assure que, grâce à la force
que tu m'insuffles,
je saurai me mettre au service
des autres,
et faire qu'à travers moi
ils puissent recevoir ton énergie.

Je te salue, toi, mon Ange gardien,
et je te prie de faire de moi
un messager de ta bonté,
un distributeur de tes grâces,
un exécuteur de tes œuvres d'amour.

Je te salue, toi, mon Ange gardien,
que le Seigneur a détaché de son service
pour te mettre au mien,
et me guider vers Sa lumière
pour que, ensuite, à mon tour,
je puisse indiquer la voie
à ceux qui la cherchent.

TON INSTRUMENT

«Ne sont-ils pas [les anges] des esprits
remplissant des fonctions
des envoyés en service
pour le bien de ceux qui doivent
recevoir,
en héritage, le Salut?»
(Hébreux 1,14)

Ô Ange gardien,
instrument du Tout-Puissant,
aide-moi à être ton instrument
pour que je contribue à la naissance
d'un monde rempli de bonheur
qui aura le bien-être de tous les
hommes
et femmes
comme seul objectif.

Ô Ange gardien,
que mes actions et mes gestes,
d'aujourd'hui et de demain,
puissent servir à apporter le
bonheur
à mes semblables,
que ces actions et ces gestes
contribuent à l'avancement
des causes justes

et profitent à tous les hommes
de bonne volonté.

Ô Ange gardien,
garde-moi de l'envie et de la colère,
de la haine et de la violence,
et fais, qu'à tout moment,
je sois capable de céder plutôt
que de terrasser,
et que je ne sois jamais un frein
au grand projet du Tout-Puissant.

Ô Ange gardien,
comme tu es toi-même l'instrument
du Seigneur,
je veux moi aussi être ton instrument.

DIS-MOI

Toi, mon Ange gardien,
amour et sagesse,
messager de Dieu
et instrument de Sa volonté
pour m'aider à trouver ma route,
aide-moi à prendre conscience
de mes erreurs
afin que je n'aie pas à souffrir en
vain.

Je veux que tu m'aides à réaliser
tout ce qu'Il attend de moi,
sans que ma personnalité mortelle
ne soit un obstacle
à l'accomplissement de mon devoir
divin
et à l'atteinte de Sa lumière.

Toi, mon Ange gardien,
amour et sagesse,
messager de Dieu
et instrument de Sa volonté,
guide-moi pour que j'utilise
les connaissances
que tu me transmets,
et que je me serve avec intelligence
des biens que tu m'obtiens.

Protège-moi lorsque ma santé chancelle,
éclaire mon cœur et mon âme
lorsque mon esprit faiblit,
donne-moi la force de suivre la route
qui est la mienne
sans que je ploie devant les épreuves

Toi, mon Ange gardien,
amour et sagesse,
messager de Dieu
et instrument de Sa volonté,
fais que je devienne, à mon tour,
un messager de la Source divine.

MON ANGE

Je m'adresse à toi,
mon Ange gardien,
pour te dire
que tu me fais grandir.

Pendant un temps,
comme beaucoup,
il fallait que je voie
pour croire.

Aujourd'hui,
tu m'as rendu capable,
de te faire confiance
sans même te voir.

Oui, je m'adresse à toi,
mon Ange gardien,
pour te dire
que tu me fais évoluer.

Pendant un temps,
je t'ai adressé des mots,
que les autres m'avaient soufflés,
pour te demander de
m'accompagner.

Aujourd'hui,
quels que soient les mots que je t'adresse,
je sais que tu m'écoutes
et que tu me réponds.

Oui, je m'adresse à toi,
mon Ange gardien,
pour te dire merci
d'être là, à mes côtés.

TIENS
MA MAIN!

Toi, mon Ange gardien,
en qui j'ai entière confiance,
je te prie de me tenir la main
et de m'accompagner sur le chemin
qui est le mien.

Je sais qu'il m'arrive parfois
de ne faire qu'à ma tête,
de n'agir que comme bon me
semble,
faisant fi de ce que tu me souffles
et de la direction que tu m'indiques.

Toi, mon Ange gardien,
je te prie de me tenir la main,
car je compte sur toi
toujours
et en tout.

Je veux que tu sois
mon compagnon de voyage,
et qu'à mesure que mon chemin se
déroule,
je te reconnaisse de mieux en mieux
pour que je puisse avancer plus
sereinement.

27

Toi, mon Ange gardien,
je veux entendre tes paroles,
je veux voir ta lumière,
je veux sentir ta main serrer la mienne
et je veux être celui qui obéit.

Je veux que tu sois
mon support inconditionnel
et mon ami fidèle.
Toi, mon Ange gardien,
tiens-moi la main,
toujours.

JE T'ACCUEILLE

Viens, Ange gardien,
installe ta demeure en moi.

Éclaire
mon esprit et mon cœur
de ta lumière.

Apprends-moi
à dire et à faire le bien.

Enseigne-moi
l'essence du message
du Tout-Puissant.

Donne-moi
le réconfort lorsque je chancelle.

Rends-moi
la force lorsque la fatigue
s'empare de moi.

Guéris en moi
ce qui est blessé et écorché.

Enseigne-moi
à donner sans compter.

Explique-moi
comment Le servir comme Il le mérite.

Ramène-moi
sur le bon chemin lorsque je le quitte.

Viens, Ange gardien,
installe ta demeure en moi
et apprends-moi
à me donner,
corps, cœur et âme,
sans attendre
d'autre gratification
que celle de savoir
que j'ai contribué
à la propagation de Son nom.

JE T'OUVRE MON
CŒUR ET MON ÂME

Toi, Ange gardien,
que Dieu a mis à ma disposition,
fais que je comprenne,
à chaque instant de ma vie,
ce que tu me souffles
afin que je puisse
me mettre à Son service
et à celui des autres.

Je t'ouvre mon cœur et mon âme
et je te demande
de m'insuffler ta sagesse
pour me permettre d'atteindre
mes objectifs moraux.

Le savoir et les forces
que j'ai acquis dans cette vie
terrestre,
je les mets à ta disposition
pour révéler, à tous ceux
qui n'en ont pas encore pris
conscience,
que le même savoir
et les mêmes forces
les habitent.

Fais que je mette mes connaissances,
mon intelligence et mes moyens
au service d'une société fraternelle.

Fais que nous alimentions tous
les mêmes rêves
et que nous visions tous le même but.

Ô, Ange gardien,
je t'ouvre mon cœur et mon âme,
pour que je puisse accomplir cette mission.

ÊTRE UN HOMME

Si tu m'accompagnes dans cette vie
terrestre,
si tu me soutiens dans les épreuves,
je sais que j'apprendrai à devenir
un homme
grâce à toi,
Ô mon ange gardien.

Tu sauras faire de moi un être qui
réfléchit
sans ne se consacrer pour autant
qu'à la réflexion;
tu sauras faire de moi un être brave
sans qu'il ne devienne pour autant
imprudent;
tu sauras faire de moi un être qui
observe,
mais qui sait aussi agir lorsque le
vient le moment.

Ô mon Ange gardien,
grâce à toi,
je sais que je saurai être à la hauteur
de la tâche qui m'attend.
Tu me rendras bon,
tu me rendras sage,
tu me rendras fort,

et ainsi je saurai contribuer sereinement
à l'édification de ce monde meilleur
qu'Il nous a annoncé.

Je saurai alors, grâce à toi, Ô mon Ange
gardien,
répandre le message qui émane de la
source divine,
enseigner Sa parole empreinte de sagesse,
— propager, par l'exemple, ce qu'Il veut
que nous soyons
et ainsi permettre à d'autres cœurs de
s'ouvrir et de s'exprimer,
et de faire autant de nouveaux fidèles qui
communiqueront Sa volonté.

ANGE, MON GARDIEN

Ô, Ange qui es mon gardien,
je veux t'accueillir dans ma vie
et t'y faire une place confortable.

Ô, Ange qui es mon gardien,
viens chez moi, viens en moi,
montre-moi ta force et ta grandeur.

Ô, Ange qui es mon gardien,
donne-moi ton amour
qui est le sien
et qui a plus de valeur que la vie
elle-même.

Ô, Ange qui es mon gardien,
manifeste-toi à travers ma vie
lorsque tu sais que ton souffle
m'est nécessaire.

Ô, Ange qui es mon gardien,
dis à mon cœur
les mots de réconfort dont il a
besoin.

Ô, Ange qui es mon gardien,
je te cherche sans cesse.
Et même si je sais que tu es là,

à me guider,
à m'écouter,
tu sais aussi
qu'il m'arrive de douter
de ta présence.

Dans ces moments-là,
serre-moi contre toi,
fais-moi ressentir ta présence
afin que le doute s'estompe
et que je voie l'avenir
le cœur et l'âme sereins.

AIDE-MOI, MON ANGE

Ange gardien,
que je prie et que j'invoque,
qui permets que je mélange
mon souffle avec le tien
pour que je puisse contempler,
en moi,
la beauté et la grandeur
de l'Amour du Tout-Puissant,
fais que je sois,
pour mes semblables,
celui qui propage
Son harmonie divine,
celui qui apporte la paix
et le calme aux âmes troublées,
et fais que Son message pénètre
en moi
pour que pas une seule parcelle de
Son amour ne se perde.

Ange gardien,
que je prie et que j'invoque,
aide-moi,
pour qu'avec la puissance
de cet Amour
je sois son digne représentant
sur terre,
fais que je sois,
pour mes semblables,

celui qui diffuse Sa parole,
celui qui communique Son message
d'espérance,
et fais que la foi continue de m'habiter
pour que pas une seule parcelle de Sa
bonté ne disparaisse.

Ange gardien,
que je prie et que j'invoque,
aide-moi à être fort,
aide-moi à être honnête,
aide-moi à être bon,
aide-moi à être celui
qu'Il veut que je sois,
et que je reflète
dans mes gestes et mes paroles
l'exemple qu'il nous a donné.

CELUI QUE TU VEUX

Toi, Ange que Dieu a mis
à mon service,
prends-moi sous ta surveillance,
sois mon instructeur et mon guide
car sans toi je sais que je ne pourrai
trouver le véritable chemin qui est
le mien.

Je peux me perdre dans
l'enchevêtrement de mes rêves
et que pour concrétiser
ces rêves creux
je pourrais contrevenir à tes lois et
tes règles qui sont celles de Dieu.

Toi, Ange que Dieu a mis à mon
service,
donne-moi la compréhension des
choses
et donne-moi aussi la force
d'être le bâtisseur
de ce nouveau monde
dont nous rêvons tous.

Je peux vouloir des choses qui me
sont inutiles,
et pour les obtenir, agir
incorrectement

et te blesser dans ton cœur, car tu voudrais
que je sois autre.

Toi, Ange que Dieu a mis à mon service,
reste à côté de moi pour me montrer la
route à suivre,
et lorsque j'irai au-delà de mes forces,
fais que je ne succombe pas à la tentation
ni au péché,
mais que je reste fort et serein.

Toi, Ange que Dieu a mis à mon service,
si c'est moi qui dois être cette aide
que tu veux apporter aux autres,
si c'est moi qui dois être Ton instrument,
n'hésite pas à te servir de moi.

JE VEUX ÊTRE TON INSTRUMENT

Ô mon Ange gardien,
renforce mes sentiments
pour que je puisse éprouver
l'expérience vivante
que les êtres humains
peuvent vivre sur cette terre
et que j'en retienne la leçon
pour que,
dans ce demain meilleur
auquel je veux contribuer,
il n'existe ni injustice ni
domination,
mais seulement un monde
où chacun aura droit
à sa part de bonheur et de
prospérité.

Ô mon Ange gardien,
je veux être l'instrument
qui témoignera clairement
de la force et de la puissance
des ressources morales
qui sommeillent en nous
et qui nous permettent,
lorsque nous le désirons
ardemment,

de vaincre ces situations
qui nous semblent parfois invulnérables.

Ô mon Ange gardien,
je veux être ton instrument
— l'instrument du Tout-Puissant.
Je veux être un de ceux par lesquels
tu montres, aux hommes et aux femmes
de bonne volonté,
qu'il est possible de surmonter
les doutes et les tentations.

ANGE GARDIEN, JE TE DEMANDE...

Je te demande,
à toi, mon Ange gardien,
de me donner le courage
de mes sentiments et de mes
pensées
pour que je lutte
pour des lendemains pleins
d'espérance.
Je te demande de faire
que je puisse être ton instrument
pour découvrir moi-même,
et révéler aux autres,
le potentiel insoupçonné
que nous possédons tous;
que je puisse découvrir, et montrer
à chacun,
tous ces nouveaux espoirs
qui nous sont permis.

Je te demande,
à toi, mon Ange gardien,
de m'aider pour que ma raison
ne s'assombrisse pas
au moment de l'épreuve,
et que j'aie le courage
de continuer à avancer,
même si j'ai à connaître la
souffrance.

Je te demande,
à toi, mon Ange gardien,
d'être mon guide,
à tout moment,
pour que je surmonte,
sans peine et sans souffrance,
les dures épreuves de l'adversité
que je trouverai sur mon chemin
et que, ce faisant,
je sois un exemple pour les autres.

MON AMI

Tu es mon Ange gardien,
tu es mon ami fidèle,
tu es mon compagnon
indissociable,
tu es aussi, et surtout,
celui à qui je peux tout demander.

Alors, aujourd'hui, je te demande
que mes passions soient celles
de croire en toi, de t'aimer et de te
bénir,
et aussi d'aimer tous les hommes
et les femmes,
en frères et sœurs qu'ils sont
devant le Tout-Puissant,
et d'agir de façon à les faire
bénéficier
des dons que tu m'as donnés.

Tu es mon Ange gardien,
tu es mon ami fidèle,
tu es mon compagnon
indissociable,
tu es aussi, et surtout,
celui à qui je peux tout demander.

Alors, aujourd'hui, je te demande
de ne pas t'éloigner de moi,

de m'aimer d'un amour si grand
que tous ceux qui s'approchent de moi,
à la recherche d'un ami,
puissent te reconnaître, toi,
à travers ce que je suis et ce que je fais.

Tu es mon Ange gardien,
tu es mon ami fidèle,
et je sais que, grâce à toi,
j'aurai la force et l'énergie
pour répandre un soulagement
paisible et et heureux,
et offrir un réconfort bienveillant
à tous ceux et celles qui en ont besoin.

TOI, LE MESSAGER
DE DIEU

Toi, qui es mon Ange gardien,
je te prie de me donner la force
et le courage
lorsque je rencontre l'épreuve;
je te prie de me donner la lucidité
et le discernement
pour agir comme Il souhaite que
j'agisse;
je te prie de me donner la patience
pour que j'agisse avec sagesse
et ordre.

Toi, qui es mon Ange gardien,
éclaire-moi de ta Lumière,
fais-moi profiter de tes dons
et de tes pouvoirs
pour arbitrer des conflits entre
mes semblables;
aide-moi pour que je puisse
apporter
des solutions qui soient en
harmonie avec le dessein
du Tout-Puissant.

Je te dis, à toi, mon Ange gardien,
que je veux contribuer à l'érection
du Nouveau Monde,

que je veux œuvrer à la naissance
de la terre promise,
là, où les hommes et les femmes
de bonne volonté
pourront trouver la joie
et le bonheur
que tu nous a promis.

PRIÈRE
À MON ANGE
GARDIEN

Toi, mon Ange gardien,
que l'Éternel a détaché près
de moi sur cette terre,
transmets-moi les valeurs
spirituelles et morales
qu'Il veut me voir défendre.

Je t'entends aussi me dire que
l'amour du Tout-Puissant
n'existe que s'il peut être
communiqué,
transmis à tous les hommes
et toutes les femmes
de bonne volonté.

Toi, mon Ange gardien,
que l'Éternel a détaché près de moi
sur cette terre,
transmets-moi les talents et les dons
qu'Il veut me voir afficher.

Je t'entends aussi me dire que
ces grâces du Tout-Puissant
ne m'appartiennent pas de plein
droit
et que je n'en suis que le dépositaire

qui en fera profiter les uns et les autres
qui en ont besoin.

Toi, mon Ange gardien,
que l'Éternel a détaché près de moi
sur cette terre,
fais-moi accéder à la prospérité
afin que je ne manque de rien.

Je t'entends aussi me dire que cette
générosité du Tout-Puissant
n'a pas pour but de m'attacher aux biens
matériels,
mais plutôt de me donner ces choses
pour que je puisse les offrir à mon tour.

Je te remercie, toi, mon Ange gardien,
pour la sagesse que tu m'insuffles.

PAIX, JUSTICE ET AMOUR

Ô Ange gardien,
aide-moi à exprimer
les valeurs spirituelles
que Dieu m'a accordées.

Fais que je sache reconnaître
le vrai du faux,
la vérité du mensonge,
le bon du mauvais.

Fais que je puisse rendre
témoignage
de la vérité et de la sagesse.

Ô Ange gardien,
rends-moi fort dans l'adversité,
et permets-moi d'être témoin
de l'existence du Tout-Puissant.

Prends-moi par la main
pour me conduire
jusqu'au trône de Dieu,
devant lequel je m'agenouillerai.

Renforce mon amour envers lui
et fais que mes actions lui soient
agréables.

Ô Ange gardien,
je te le demande
du plus profond de mon cœur,
fais de moi Son instrument de création.

PRIÈRES
POUR LES ANGES

JE CROIS EN VOUS

Je crois en vous, les anges,
messagers de Dieu
et porteurs de son message.

Je crois en vous
que le Seigneur a créés
pour être l'expression
de ses Vérités éternelles.

Je crois en vous, les anges,
messagers de Dieu
et porteurs de son message.

Je crois en vous
parce que, à travers vous,
les hommes ont accès à la Sagesse
et au bonheur.

Je crois en vous, les anges,
messagers de Dieu
et porteurs de son message.

Je crois en vous,
vous qui nous donnez réconfort
et santé,
et qui éclairez notre chemin
de la lumière de Son phare.

Je crois en vous, les anges,
messagers de Dieu
et porteurs de son message.
Je crois en vous, les anges,
et je vous demande de venir à ma
rencontre.

AIDEZ-NOUS
AUJOURD'HUI

Vous, les Anges de Dieu,
qui êtes ses envoyés sur la terre,
aidez-nous, aujourd'hui,
à être le cœur et les mains du
Seigneur,
pour que nous puissions agir
auprès des faibles et des démunis.

Vous, les Anges de Dieu,
qui êtes ses envoyés sur terre,
et qui voyez tous ces malades
qui n'ont personne pour les
soutenir,
qui voyez tous ces déprimés
qui n'ont plus goût à la vie,
qui voyez tous ces sans-emploi
qui désespèrent de vivre
honorablement,
aidez-nous, aujourd'hui,
à être le cœur et les mains du
Seigneur,
pour que nous puissions agir
et leur redonner l'espoir
et le goût de vivre.

Vous, les Anges de Dieu,
qui êtes ses envoyés sur terre,

et qui voyez tous ces jeunes
qui se cherchent inlassablement,
qui voyez tous ces aînés
qui pleurent seuls dans leur coin,
qui voyez tous ces hommes et ces femmes
abandonnés et humiliés,
aidez-nous, aujourd'hui,
à être le cœur et les mains du Seigneur,
pour que nous puissions agir
et leur redonner la Volonté et la dignité.

Vous, les Anges de Dieu,
qui êtes ses envoyés sur la terre,
soyez le cœur et les mains du Seigneur,
et transformez-nous,
les uns et les autres,
pour que nous puissions agir
et contribuer à l'édification d'un monde
meilleur,
où chacun trouvera le bonheur
et la Lumière.

ANGES DE DIEU

Vous, les Anges,
je vous invoque et vous appelle,
pour que vous veniez à mon aide,
pour que vous m'apportiez la force
et la sagesse
dont j'ai besoin.

Vous qui me guidez vers la lumière
du Tout-Puissant,
je sais que c'est un privilège
que vous me faites et
que je dois mériter
par chacun de mes gestes
et chacune de mes paroles.

Je vous demande,
à chacun d'entre vous,
aujourd'hui comme demain,
de me montrer la route du savoir
et de la connaissance,
là, où je pourrai devenir,
à mon tour,
un outil d'avancement pour les
bonnes causes.

Vous, les Anges,
ses véritables représentants
sur terre,

faites que les entreprises où je réussis
soient toujours celles qui sont inspirées par
Son dessein
et, puisque Sa volonté est en jeu,
faites en sorte que je devienne
cet homme ou cette femme
qui, par son comportement,
mêlé à celui des autres hommes
et femmes de bonne volonté,
permettra à notre monde d'avancer
vers le bonheur.

QUE SA PUISSANCE VIENNE À MON AIDE

Serviteurs de Dieu,
quel abîme est suffisamment obscur
pour échapper à votre regard?

Il n'y en a aucun.

Serviteurs de Dieu,
quel obstacle est si grand
pour échapper à votre volonté?

Il n'y en a aucun.

Serviteurs de Dieu,
quel tourment est si indéchiffrable
pour échapper à votre
compréhension?

Il n'y en a aucun.

Serviteurs de Dieu,
quel être humain est si fragile
que vos pouvoirs ne puissent le
renforcer?

Il n'y en a aucun.

Serviteurs de Dieu,
vous êtes capables de tout,
et votre amour et votre générosité
transforment tous les hommes
qui font appel à votre aide.

Serviteurs de Dieu,
je vous prie d'intercéder auprès de Lui
pour qu'il veille sur moi.

ANGES, MANIFESTEZ-VOUS

Messagers de Dieu,
instruments de Sa volonté,
je vous demande de vous
manifester
dans ma vie et dans celle
de mes semblables
pour que plus personne ne doute
de votre existence et de vos
pouvoirs.

Insufflez-nous, à tous, la mesure
de vos dons et de vos qualités,
pour qu'ainsi notre raison
ne soit plus
le seul juge de tous mes actes,
ni notre imagination le seul guide
de notre vie.

Messagers de Dieu,
instruments de Sa volonté,
je vous demande de vous
manifester,
dans ma vie et dans celle
de mes semblables,
pour que plus personne ne doute
de votre existence et de vos
pouvoirs.

Faites que nos désirs acceptent l'autorité
de votre esprit,
car nous savons que c'est vous
qui nous guidez
et que, mieux que nous,
vous connaissez le véritable destin
qui est le nôtre.

Libérez-nous de nos attaches matérielles
et aidez-nous à découvrir les forces
qui sommeillent dans notre âme
afin que cela nous permette
de vaincre les écueils
que nous rencontrerons.

Messagers de Dieu,
instruments de Sa volonté,
nous vous rendons grâce,
aujourd'hui et pour toujours.

INSTRUMENT DE SA VOLONTÉ

Vous,
les Anges,
vous savez
que je suis
un être humain,
mais vous m'avez aussi
soufflé à l'oreille
que je suis d'essence divine.

Si,
grâce aux actes nobles
de mon passé,
vous me permettez
d'acquérir les biens matériels
dont vous jugez
que j'ai besoin,
insufflez-moi aussi
la volonté de ne pas vivre
que pour et par les biens matériels.

Je vous prie,
vous,
les Anges,
de me donner la sagesse
qui me permette d'utiliser
tout ce dont
vous me comblez,

sans m'y attacher,
et non seulement
pour mon bonheur,
mais aussi
pour le bonheur
de tous mes proches.

Je vous prie,
vous,
les Anges,
de me donner la force
d'être à l'avant-garde
de ses représentants
sur terre.

QUE SA VOLONTÉ
SOIT FAITE

Anges du ciel et de la terre,
donnez-moi la force et la sagesse
de comprendre Son dessein,
moi qui désespère souvent de la vie.

Je vous prie, aujourd'hui,
alors que je cède à l'abattement
et au découragement,
de me donner confiance,
en moi et en la vie.

Je vous prie, aujourd'hui,
de m'aider à comprendre
ce qui semble échapper
à mon entendement
pour me permettre de renouer
avec l'espoir.

Je vous prie, aujourd'hui,
de me donner les instruments
dont j'ai besoin
pour affronter les épreuves,
la souffrance et la misère.

Anges du ciel et de la terre,
donnez-moi la force et la sagesse

de comprendre Son dessein,
moi qui désespère souvent de la vie.
Je vous prie, aujourd'hui,
de me donner votre amour
et votre réconfort
pour que je puisse accepter la vie
telle qu'elle est,
mais sans pour autant renoncer à me battre
pour en découvrir le véritable sens.
Oui, Anges du ciel et de la terre,
que Sa volonté soit faite.

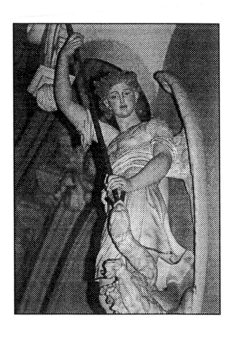

ANGES, FAITES QUE...

Vous, les Anges,
serviteurs et messagers
du Tout-Puissant,
faites que les battements
de votre cœur
soient à l'unisson de ceux
de mon cœur,
que mon geste soit votre geste,
que ma parole soit votre parole.

Vous, les Anges,
serviteurs et messagers
du Tout-Puissant,
ne permettez pas que l'imagination
me porte à rêver d'autres luxes
que celui de comprendre le monde
qu'Il a créé.

Vous, les Anges,
serviteurs et messagers
du Tout-Puissant,
faites que mes paroles expriment
ce qui est digne;
faites que mes mots soient un
témoignage de votre existence
et faites que tous ceux
qui ont recours à moi

trouvent le soutien et le réconfort
dont ils ont besoin.

Vous, les Anges,
mes fidèles alliés,
faites, qu'avec mes mots et mes gestes,
je puisse montrer aux autres
ce qu'on ne voit pas avec les yeux :
cette vie spirituelle qui nous permet
de concrétiser nos véritables rêves.

QUE VOS DONS
SOIENT LES MIENS

Vous, les Anges,
assis devant et derrière Dieu
et autour de lui,
je me recueille
en pensant à vous
et à votre mission.

Je vous prie,
toi, l'Ange que Dieu
a accolé à mon être terrestre,
toi, que je nomme Gardien,
et vous tous, Anges planétaires,

lorsque j'en ai besoin,
les dons, les vertus et les pouvoirs,
dont Il vous a fait les détenteurs.

Que votre force,
votre sagesse,
votre espérance,
votre intelligence,
votre miséricorde,
votre morale,
votre spiritualité,
votre sens de la justice,
votre esprit de service

deviennent miens
lorsque j'affronte
les difficultés et les épreuves
de la vie.

Je me recueille
en pensant à vous tous,
en sachant
que vous serez toujours là
lorsque le besoin s'en fera sentir.

C'est ainsi,
par ma volonté,
mais aussi
par vos dons, vos vertus et vos pouvoirs,
que je saurai apporter
ma contribution à un monde meilleur.

SERVITEURS DE DIEU, INSPIREZ-MOI

Vous, Anges du ciel et de la terre,
serviteurs du Tout-Puissant,
inspirez-moi les vertus divines,
guidez-moi sur la route qui est
la meilleure que je puisse suivre
pour que je contribue,
de tout mon être,
de tous mes dons et mes talents,
de toutes mes capacités,
à la construction d'un avenir
meilleur.

Vous, Anges du ciel et de la terre,
serviteurs du Tout-Puissant,
inspirez-moi les vertus divines,
faites de moi un messager
de vos paroles
d'amour et de sagesse,
donnez-moi les instruments
nécessaires
pour que je puisse contribuer
à la création d'un monde
qui accueille
tous les humains de bonne volonté.

Vous, Anges du ciel et de la terre,
serviteurs du Tout-puisant,

inspirez-moi les vertus divines,
venez à ma rencontre
pour répondre à mes interrogations,
m'aider à atteindre le bonheur
et devenir moi-même outil de bonheur
pour tous ceux qui m'entourent.

PROTÉGEZ-MOI
DE L'ORGUEIL

Vous, les anges, serviteurs
du Tout-Puissant,
donnez-moi la conscience
et la force
de réaliser combien les biens
matériels sont creux;
protégez-moi de la fatuité
et de l'arrogance,
ne permettez pas que je m'identifie
au succès,
à la renommée et à la fortune
qui me viennent de vous,
ni que je considère comme miens
les vertus et les pouvoirs
que vous m'avez accordés pour
que je les mette au service d'autrui.

Vous, les anges, serviteurs
du Tout-Puissant,
faites en sorte, si je venais
à trop privilégier mon orgueil,
de me retirer ces dons pour
que je reste l'être que je dois être,
l'être qui doit être au diapason
et à l'écoute de ses semblables,
et dont le cœur doit être empli

d'amour, de générosité
et de don de soi.

Vous, les anges, serviteurs
du Tout-Puissant,
permettez-moi d'agir dans les limites
de Ses desseins;
car je sais que ce passage sur terre
n'est qu'une étape
de ma véritable existence.
Je vous demande donc,
à vous,
anges du ciel et de la terre,
de m'apporter votre aide afin
que je puisse,
après que mon corps matériel
se sera éteint,
retourner là où je sais d'où je viens
et où tout resplendit toujours.

INSPIREZ MA ROUTE

Ô Anges de Dieu,
inspirez mes actions et mes paroles
pour que l'être que je suis s'intègre
harmonieusement
à l'univers complexe et merveilleux
qu'Il a créé.
Donnez-moi le dynamisme
et l'énergie nécessaires
pour faire les gestes
que vous me soufflez de faire.
Modelez-moi pour je devienne
à son image,
pour que je vainque mes défauts
et corrige mes erreurs,
et qu'ainsi je transforme l'être
que j'ai été
pour devenir celui qu'il veut
que je sois.
Sachez que je ne suis qu'un
instrument, le vôtre.

Ô Anges de Dieu,
guidez-moi, suivez mes pas et,
si je me trompe,
si ma lumière intérieure vacille,
m'empêche de comprendre
vos desseins,

et si je dévie de ma route,
que j'emprunte un chemin tortueux,
rétablissez son parcours originel.
Ô Anges de Dieu,
si je sens votre main en me réveillant
de mes errements,
je saurai que vous m'avez pardonné
ma conduite et mes erreurs.

Ô Anges de Dieu,
permettez que mon cœur comprenne
les raisons de ma tête
afin que je reflète la paix et l'harmonie
dans mes actions et mes paroles.
Oui, Anges de Dieu,
que seules la sérénité et la quiétude
m'habitent pour toujours
pour que je puisse atteindre
le véritable bonheur
qui m'est promis.

JE VOUS OUVRE
MON CŒUR

Ô Anges, serviteurs de Dieu,
je vous ouvre mon cœur
et vous laisse entrer dans ma vie
en espérant que vous y preniez
la plus grande place possible.
Je sais la mission
que le Tout-Puissant vous a confiée
et c'est pour cela qu'aujourd'hui,
demain et pour toujours,
je vous accueille à bras ouverts
pour que vous puissiez agir
selon Son dessein et Son plan.

Je vous sais insaisissable
mais je vous sens partout,
dans ma vie,
m'inspirant mes paroles
et me dictant mes gestes.
Je ne m'oppose pas à votre volonté,
qui est la même que la Sienne,
car je sais que c'est une volonté
d'amour
et que je la sens qui m'entoure
de toutes parts.

Ô Anges, serviteurs de Dieu,
je vous ouvre mon cœur

pour que vous vous y installiez à demeure
et que vous puissiez me transmettre
vos dons, vos vertus et vos pouvoirs,
et qu'ainsi outillé
je puisse propager Son message
et vous ouvrir d'autres cœurs,
qui deviendront autant de demeures
accueillantes.

JE VOUS AIME

Vous, anges de Dieu,
je vous aime
parce que vous êtes Ses serviteurs.

Vous, anges de Dieu,
je vous aime
parce que vous êtes bons.

Vous, anges de Dieu,
je vous aime
parce que vous êtes généreux.

Vous, anges de Dieu,
je vous aime
parce que vous êtes capables
d'écoute.

Vous, anges de Dieu,
je vous aime
parce que vous êtes capables
de me rendre meilleur.

Vous, anges de Dieu,
je vous aime
parce que vous êtes mes guides.

Vous, anges de Dieu,
je vous aime

parce que vous avez été les premiers,
après Lui,
à m'aimer.

Vous, anges de Dieu,
je vous aime
parce que vous ne me laisserez
jamais tomber,
même s'il m'arrivait de vous oublier.

Vous, anges de Dieu,
je vous aime
parce que vous êtes Ses serviteurs.

LE PARADIS TERRESTRE

Anges du ciel,
messagers et serviteurs de Dieu,
je vous demande que, par moi,
vous exhaliez votre miséricorde,
votre pardon et votre grand cœur
afin que je sache
donner l'exemple dans le pardon.

Anges du ciel,
messagers et serviteurs de Dieu,
si vous faites preuve de cette
générosité,
pour moi et pour tous les hommes
et toutes les femmes de bonne
volonté,
sachez que je saurai,
avec tous ceux-là,
amorcer ce mouvement irréversible
qui contribuera à l'établissement
d'un climat d'harmonie et de paix
entre les hommes de tous les pays
et toutes les nations.

Anges du ciel,
messagers et serviteurs de Dieu,
je sais que je ne suis qu'un grain
de sable,

mais je sais aussi que, par l'exemple,
je propagerai ces valeurs
et, qu'un jour, nous serons des centaines,
puis des milliers et des millions
à tendre vers ce même but
d'équilibre, de sérénité et de bonheur.
Alors, sur la terre,
n'existeront plus que des hommes
et des femmes
de bonne volonté
et ton paradis sera alors recréé.

CONFIANCE!

Ô Anges de Dieu,
faites que ma foi soit féconde;
faites que votre lumière,
qui éclaire mon cœur et mon âme,
soit si intense
que je ne mette jamais en doute
vos enseignements
et votre direction morale.
Faites que les tentations et les
épreuves,
que la vie me présente,
servent mon raffermissement
dans la foi
et m'aident à atteindre
une spiritualité sereine,
et une confiance toujours
plus grande
en ce que vous êtes
et le Tout-Puissant
que vous représentez.
Faites que j'aie la force d'oser;
faites que j'aie le courage
de faire face à l'épreuve;
faites que votre lumière
m'aide à vaincre la pénombre.
Faites que votre intelligence
remplisse mon âme
et qu'y naisse ainsi une grande

force spirituelle.
Inspirez-moi ces vertus et ces pouvoirs,
faites-m'en le dépositaire
et que je m'en serve, au quotidien,
dans mes paroles et mes gestes
afin que je sache éviter de blesser
mes semblables,
et que je me présente à eux le cœur
ouvert et la main tendue,
et que je sois ainsi, pour eux,
une source de réconfort.

VOUS ET MOI

Ô, vous, fidèles amis,
serviteurs du Tout-Puissant,
vous qui me connaissez
mieux que je ne me connais moi-
même,
purifiez mes sentiments,
écartez de moi tout
ce qui peut me distraire
des desseins qu'Il me réserve.

Puisque vous savez
qu'il y a
en moi
du bon et du moins bon,
prenez ce qu'il y a de bon
et faites-le grandir.

Gardez-moi dans votre amour,
faites que mon cœur et mon esprit
ne désirent que ce que Lui,
le Tout-puissant,
désire depuis son éternité
et qu'il retrouve ces vertus
au creux de mon cœur.

Indiquez-moi la voie à suivre,
montrez-moi les gestes à faire
et les paroles à prononcer,

faites que je sois,
par mon vécu quotidien,
un exemple pour les autres
pour qu'ils parviennent à comprendre
que nous pouvons réparer nos erreurs
et corriger nos faiblesses

Ce n'est qu'ainsi,
avec votre aide,
que nous nous transformerons,
que nous deviendrons
— enfin —
des humains qui tiennent compte
des attentes et des besoins
de leurs semblables.

VOUS, LES ANGES
QUE JE PRIE

Vous, les Anges que je prie,
faites-moi comprendre
que la possession matérielle
est une futilité de la vie.
Faites que votre lumière m'éclaire
et qu'elle fasse de moi un être
qui accorde aux véritables valeurs
l'importance qu'elles doivent avoir.

Transmettez-moi
vos dons et vos vertus,
vos pouvoirs aussi,
et faites en sorte
que je puisse m'en servir
de manière à ce qu'ils me profitent
mais, aussi, qu'ils profitent
à tous mes semblables.

Vous, les Anges que je prie,
éclairez-moi de votre lumière
pour que je puisse connaître
la route
que je dois suivre
et que jamais ne se dressent,
en adversaires,
les attentes et les aspirations
de mon cœur et ceux de ma tête.

Donnez-moi la force et le courage
d'avancer sereinement sur cette route
qui est la mienne.

PARDONNEZ-MOI
EN SON NOM

Anges de Dieu,
par négligence et par apathie,
par paresse aussi souvent,
je me suis éloigné
de vous
et j'ai emprunté des chemins
de travers.

Mais vous avez Sa miséricorde,
vous êtes compassion et humanité,
et, chaque fois,
vous m'avez ramené
sur le bon chemin
et vous m'avez rapproché de Lui.

Anges de Dieu,
je suis conscient, aujourd'hui,
que lorsque je ne m'ouvre pas
suffisamment à votre aide,
que je ne travaille pas
à la réalisation de Son dessein,
que je poursuis des objectifs
bassement matériels,
je m'engage
sur des chemins sinueux.

Mais vous avez Sa grandeur d'âme,
vous êtes attendrissement et sollicitude
et, chaque fois,
vous me tendez à nouveau la main
pour me sortir des abîmes dans lesquels
je me plonge.

Anges de Dieu,
je le sais, aujourd'hui,
malgré mes résistances et mes hésitations,
que je ne puis être sur la bonne route
que lorsque je reste à votre écoute.

Je vous le demande,
je vous en prie,
vainquez mes résistances
et gardez-moi,
toujours,
près de vous.

SOULAGEZ
LES SOUFFRANCES

Serviteurs de Dieu,
qui possédez les pouvoirs
qui peuvent illuminer la pénombre,
aidez-moi à sortir
de l'obscurité
dans laquelle je suis plongé.

Serviteurs de Dieu,
demandez-Lui,
en mon nom,
qu'il se montre indulgent
envers ce serviteur
que je suis pour lui,
et qu'il m'aide
à soulager mes souffrances
et à guérir mes maux,
qu'ils soient physiques ou
spirituels.

Serviteurs de Dieu,
inspirez-moi
pour que mes paroles et mes gestes
puissent aussi apporter
réconfort et soulagement
à ceux qui souffrent
sur le plan physique
ou qui vivent une crise de l'âme

Serviteurs de Dieu,
apprenez-moi à vous reconnaître
et insufflez-moi cette générosité
qui me fera être bon et généreux
auprès de mes semblables.